经典古诗文129篇

趣读古诗文 4

歪歪兔童书馆 编绘

海豚出版社
DOLPHIN BOOKS
CICG 中国国际传播集团

目录

十一

十二

古诗文朗读
音频在这里哟！

微信扫一扫，
收听古诗文朗读音频。

好诗不厌百回读，
慢吟细品齿频香。

宿建德江

sù jiàn dé jiāng

táng mèng hào rán
唐 · 孟浩然

yí zhōu bó yān zhǔ
移舟泊烟渚，

rì mù kè chóu xīn
日暮客愁新。

yě kuàng tiān dī shù
野旷天低树，

jiāng qīng yuè jìn rén
江清月近人。

注 建德江：指新安江流经建德（今属浙江）的一段。
渚：水中间的小块陆地。

译 划动小船，停泊在烟雾笼罩的沙洲边，
日暮时分，在异乡为客的新愁涌上心头。
原野空旷，远处的天空似乎比树还低，
江水清澈，水中的明月仿佛离人更近。

♩诗文声律

野旷 ⟹ 江清

天低树 ⟹ 月近人

诗歌助记

宿□□江

唐·孟□□

移舟泊□□，

日暮□□新。

野□天□树，

江□月□人。

一句诗惹怒皇帝

传说，孟浩然的好朋友李白去朝廷任职后，一心想把他推荐给唐玄宗。一次，李白和皇帝聊天时，故意说到当时名气很大的诗人孟浩然，李白说："孟浩然是我的老朋友，现在正好就住在我家呢！"唐玄宗马上派人把孟浩然请进宫，让他念几首诗来听听。

孟浩然就朗诵起自己的得意之作《岁暮归南山》。听到诗中有"不才明主弃"，唐玄宗脸色都变了，很不高兴地说："从来没见你给朝廷上书，怎么就被明主弃了呢？你的好诗多的是，为什么不念'气蒸云梦泽，波撼岳阳城'呢？"玄宗说的这两句是孟浩然写给宰相张九龄的《望洞庭湖赠张丞相》一诗中的诗句。因为选错了作品，孟浩然就这样错过了走入仕途的绝好机会。

不过，这个故事有好几个版本，介绍孟浩然和唐玄宗见面的人除了李白，还有王维、张说等说法。不管这个故事是不是真的，诗句"不才明主弃，多病故人疏"确实是孟浩然写的。

孟浩然找工作失败后，心情郁闷，像现在很多人心情不好时选择外出旅游一样，孟浩然也去到南方吴越一带旅游散心。这天，孟浩然坐船来到建德江段，天色已晚，诗人把船停泊在一处烟气迷蒙的沙州边，看着眼前的秋景，想到自己人到中年，前途黯淡，现在还在远离家乡千里之外的异乡漂泊，写下了这首带着浓浓愁思的《宿建德江》。

liù yuè èr shí qī rì wàng hú lóu zuì shū
六月二十七日望湖楼醉书

sòng sū shì
宋 · 苏轼

hēi yún fān mò wèi zhē shān
黑云翻墨未遮山，

bái yǔ tiào zhū luàn rù chuán
白雨跳珠乱入船。

juǎn dì fēng lái hū chuī sàn
卷地风来忽吹散，

wàng hú lóu xià shuǐ rú tiān
望湖楼下水如天。

注 望湖楼：位于今浙江杭州西湖畔。

♩诗文声律

黑云 ⇌ 白雨

翻墨 ⇌ 跳珠

未遮山 ⇌ 乱入船

译 乌云涌动，如打翻的墨汁，但还没有完全遮住山峦，
硕大的白色雨点像蹦跳的珍珠乱纷纷地飞入船中。
地面卷起一阵狂风，忽然吹散了满天的乌云，
望湖楼下，西湖水面波平如镜，水蓝如天。

诗歌助记

六月二十七日□□□醉书

宋·苏□

黑云□□未遮山，

白雨□□乱入船。

卷地风来□□□，

望湖楼下□□□。

苏轼和欧阳修

年轻的苏轼初出茅庐便能在文坛一鸣惊人，得益于当时的文坛领袖欧阳修的赏识和推崇。苏轼参加科举考试时，主考官正是欧阳修。他看到苏轼的考卷后非常惊喜，打算评为第一，但又觉得这篇文章像是自己的学生曾巩写的（古代科举考试评卷像现在高考阅卷一样，考生的名字是封起来的）。欧阳修为了避嫌，只好忍痛割爱把这张卷子判为第二名。

等到放榜后，考中的考生来拜见考官，欧阳修这才知道文章的作者是一个叫苏轼的年轻人。送走苏轼后，欧阳修写了一封信给朋友，说：“读苏轼的诗文，不知不觉激动得浑身流汗，真是畅快！我这老头子应该给年轻人让开路，让他高出别人一头啊！”这个故事就是成语“出人头地”的出处。

苏轼在文坛崭露头角后，每写出一篇诗文都被人们广为传诵，欧阳修看在眼里，喜在心头，他对朋友说：“等再过三十年，就不会再有人提我了。”意思是说，苏轼将来的文学成就一定会远远超过自己。所以说，欧阳修不仅是一位文学家、政治家，也是一位善于辨识人才的伯乐呢！

王安石变法开始后，反对变法的欧阳修被迫离开京城去外地任职。不久后，同样反对变法的苏轼也主动提出去外地，被任命为杭州通判。和前面学过的《饮湖上初晴后雨》一样，这首诗也是苏轼在杭州当通判期间写下的。北宋熙宁五年（1072年）六月二十七日，苏轼乘船游览西湖，欣赏了湖光山色之后，到望湖楼上喝酒，趁着醉意，写下了五首七言绝句，本诗是其中的第一首。

xī jiāng yuè　yè xíng huáng shā dào zhōng

西江月·夜行黄沙道中

sòng　xīn qì jí

宋·辛弃疾

míng yuè bié zhī jīng què, qīng fēng bàn yè míng chán.

明月别枝惊鹊，清风半夜鸣蝉。

dào huā xiāng lǐ shuō fēng nián, tīng qǔ wā shēng yí piàn.

稻花香里说丰年，听取蛙声一片。

qī bā gè xīng tiān wài, liǎng sān diǎn yǔ shān qián.

七八个星天外，两三点雨山前。

jiù shí máo diàn shè lín biān, lù zhuǎn xī qiáo hū xiàn.

旧时茅店社林边，路转溪桥忽见。

注　西江月：词牌名。

黄沙：即黄沙岭，在今江西上饶的西面。

别枝：横斜的树枝。　旧时：往日。

茅店：用茅草盖的乡村旅舍。

社林：土地庙附近的树林。社，社庙，土地庙。

见：同“现”，显现，出现。

译　明月升上树梢，惊飞了枝头喜鹊，清凉的晚风中，传来蝉鸣声声。

在稻花的香气里，人们谈论着丰收的年景，耳边传来阵阵蛙声。

几颗星星在远远的天边闪烁，山前掉起了零零星星的雨点。

往日熟悉的土地庙树林旁的茅草屋，道路转过溪流上的小桥，便忽然出现在眼前。

♩诗文声律

明月 ⟺ 清风

七八个 ⟺ 两三点

星 ⟺ 雨

天外 ⟺ 山前

诗歌助记

明月 别枝 惊鹊，清风 半夜 鸣蝉。稻花香里 说丰年，听取 蛙声 一片。

七八个星 天外，两三点雨 山前。旧时 茅店 社林边，路转 溪桥 忽见。

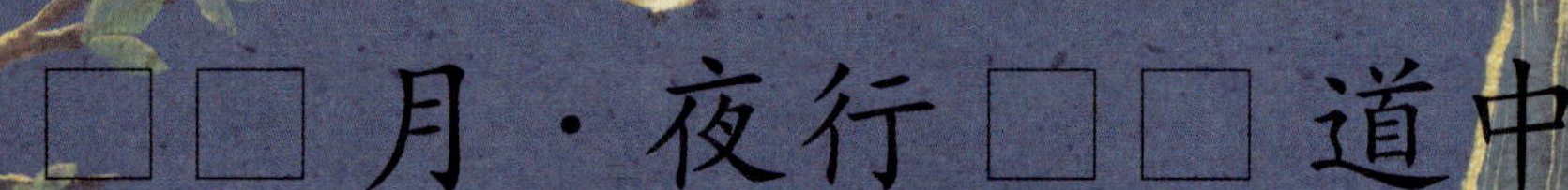

□□月·夜行□□道中

宋·辛□□

明月别枝□□，

清风半夜□□。

□□香里说□□，

听取□□一片。

七八个星□□，两三点雨□□。

旧时□□□□边，

路转□□忽见。

爱国词人的另一面

这首词的作者辛弃疾是南宋著名爱国词人。辛弃疾二十出头时，率领二十多万起义军从北方金人占领区南下投奔南宋，赢得了南宋统治者的赏识，先后被派到多地担任重要官职。但辛弃疾最大的愿望是和金国宣战，收复北方国土，这就让他一直受到朝廷里那些主和派官员的排挤。

四十二岁那年，辛弃疾被撤了职，他便在现在江西上饶城外的带湖修建了稼轩庄园，在这里隐居起来，还给自己取了个号叫“稼轩居士”。《西江月·夜行黄沙道中》就创作于这一时期，词题中的“黄沙道”是通往庄园的一条乡村小道。

除了是忧国忧民的爱国词人，辛弃疾也是一个典型的文艺青年，不仅能写“醉里挑灯看剑，梦回吹角连营”这样满怀壮志的词句，也写下了许多描写田园风光、日常生活的词作。本篇和前面学过的《清平乐·村居》写的都是田园乡村。

昨夜松边醉倒，问松我醉何如。
只疑松动要来扶，以手推松曰去。

《西江月·遣兴》

昨晚醉倒在松树边，我问松树：“哥喝醉后帅不帅？”松树像是要过来扶我，被我一手推开：“去去去！不用你扶！”

我见青山多妩媚，料青山见我应如是。《贺新郎》

在我眼里，青山多么妩媚，我猜，青山看我也很帅。

少年不识愁滋味，爱上层楼。爱上层楼，为赋新词强说愁。
而今识尽愁滋味，欲说还休。欲说还休，却道天凉好个秋。《丑奴儿》

少年时不知道什么是愁，就喜欢爬上高楼，为了写新词非得说自己很忧愁。如今已经尝尽了忧愁的滋味，想说愁又说出不口，最后说出来的只是：“好一个凉爽的秋天啊！”

guò gù rén zhuāng
过故人庄

táng mèng hào rán
唐·孟浩然

gù rén jù jī shǔ yāo wǒ zhì tián jiā
故人具鸡黍，邀我至田家。

lǜ shù cūn biān hé qīng shān guō wài xié
绿树村边合，青山郭外斜。

kāi xuān miàn cháng pǔ bǎ jiǔ huà sāng má
开轩面场圃，把酒话桑麻。

dài dào chóng yáng rì huán lái jiù jú huā
待到重阳日，还来就菊花。

注 过：拜访。
鸡黍：鸡和黄米饭，指农家待客的丰盛饭食。
郭：古代城墙有内外两重，内为城，外为郭。这里指村庄的外墙。
轩：门窗。
场圃：场，打谷场、稻场。圃，菜园。
桑麻：桑树和麻，这里泛指农事。
重阳日：指农历九月初九。古人在这一天有登高、饮菊花酒的习俗。

译 老朋友准备了丰盛的饭菜，邀请我到他的田舍做客。
绿树在村外环绕，青山在庄外横斜。
推开窗户面对打谷场和菜园，喝着酒闲谈桑和麻。
等到九九重阳节那天，我还要来这里观赏菊花。

♩诗文声律

绿树 ⇌ 青山
村边合 ⇌ 郭外斜
开轩 ⇌ 把酒
面场圃 ⇌ 话桑麻

诗歌助记

过□□庄
唐·孟□□
故人具□□，邀我至□□。
□□村边合，□□郭外斜。
开轩面□□，把酒话□□。
待到□□日，还来就□□。

孟浩然和他的朋友们

本诗中的“故人”就是老朋友的意思。作者孟浩然生活在盛唐时期，虽然一辈子没当过官，却是当时文化圈里响当当的名人，加上他性格豪爽，结交了一大帮朋友，这里面有不少我们很熟悉的大诗人。

吾爱孟夫子，
风流天下闻。
唐·李白《赠孟浩然》

第一个要说的就是李白。结识孟浩然时，李白还只是个没什么名气的小诗人，但两人一见如故，结为忘年之交。《黄鹤楼送孟浩然之广陵》就是李白写给孟浩然的送别诗。除了这一首，李白还写过四首诗送给他，足见两人情谊深厚。

后来，孟浩然进京赶考时认识了王维，两人性情相投，兴趣相似，都爱写描绘山水景色、田园生活的山水田园诗，所以被人们合称“王孟”。虽然有王维倾力相助，但孟浩然几次进京都是无功而返，最后只好打定主意回老家襄阳隐居。临走前，他给王维留了一首诗。

寂寂竟何待，朝朝空自归。
欲寻芳草去，惜与故人违。《留别王维》

孟浩然五十一岁那年，多年老友王昌龄去襄阳看望他。孟浩然当时正生着病，在饮食上有很多禁忌，但和朋友一起吃饭喝酒，就顾不得那么多了，因为吃了一口鲜鱼，疾病发作而死。

春日 (chūn rì)

宋·朱熹 (sòng zhū xī)

shèng	rì	xún	fāng	sì	shuǐ	bīn	
胜	日	寻	芳	泗	水	滨	，
wú	biān	guāng	jǐng	yì	shí	xīn	
无	边	光	景	一	时	新	。
děng	xián	shí	dé	dōng	fēng	miàn	
等	闲	识	得	东	风	面	，
wàn	zǐ	qiān	hóng	zǒng	shì	chūn	
万	紫	千	红	总	是	春	。

注 胜日：天气晴朗的好日子。
寻芳：游春，踏青。
泗水：河流名，在今山东。
滨：水边，河边。
光景：风光景物。
等闲：平常，轻易。

译 风和日丽的日子里，我在泗水河边踏青，
无边无际的风景焕然一新。
很容易就能认出春风的面貌，
百花开放，万紫千红，到处都是春天的美景。

诗歌助记

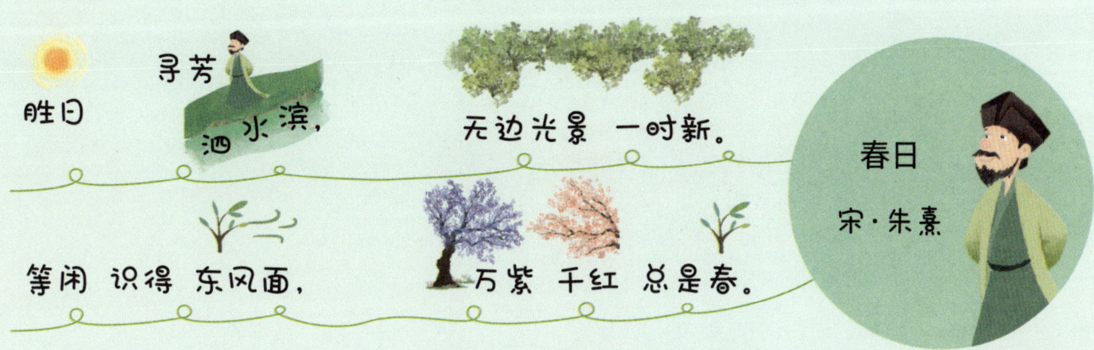

□日

宋·朱□

胜日□□泗水滨，
无边□□一时新。
□□识得东风面，
□□□□总是春。

追索赠诗

朱熹是南宋著名的文学家、教育家、理学家，他不管是做学问，还是日常生活中为人处事，都非常严谨，有一次却因为自己的疏忽做错了一件事，让他非常后悔。

朱熹被脚病困扰了很多年，最后也是因为这一疾病去世。一次，朱熹请了一个自称精通针灸治疗的道士给他治病。扎过几针之后，脚病竟然好多了，朱熹喜出望外，给了道士一大笔酬金，还写了一首诗送给他：

几载相扶藉瘦筇（qióng），一针还觉有奇功。

出门放杖儿童笑，不是从前勃窣（sū）翁。

几年来靠着竹拐杖走路，一针下去竟然就起了奇效。

扔掉拐杖走出门，像个孩子般放声大笑，再也不是以前那个一瘸一拐的老头啦！

道人收下酬金和赠诗走了。没想到过了没几天，朱熹的脚病复发，比诊治前更严重了。他赶紧派人去找那个道士，但是已经找不到了。朱熹后悔不迭，叹息说："我并不是要责罚他，只是想把那首赠诗要回来，免得他以后再拿着我的诗去招摇撞骗，祸害别人。"

huí xiāng ǒu shū

回乡偶书

táng hè zhī zhāng

唐 · 贺知章

shào xiǎo lí jiā lǎo dà huí

少小离家老大回，

xiāng yīn wú gǎi bìn máo shuāi

乡音无改鬓毛衰。

ér tóng xiāng jiàn bù xiāng shí

儿童相见不相识，

xiào wèn kè cóng hé chù lái

笑问客从何处来。

注 偶书：随意写下的诗。

乡音：家乡的口音。

鬓毛：额角边靠近耳朵的头发。

译 年少时离开家乡，等到老了才回来，

家乡的口音没有改变，但鬓角的头发已经白了。

孩子们见了都不认识我，

他们笑着问我：这位客人您是从哪里来的呀？

诗歌助记

回乡□□

唐·贺□□

□□离家□□回，

□□无改□□衰。

儿童相见□□□，

笑问客从□□□。

四明狂客

贺知章出生于现在的浙江萧山，后来搬到了绍兴，三十七岁时考中状元，是浙江历史上第一位有资料记载的状元。贺知章活了八十六岁，在生命的最后一个年头向皇帝辞官，终于回到了阔别几十年的家乡，《回乡偶书》就是他回乡后所作，总共两首，这是第一首。

贺知章性格豁达，狂放不羁，被称为“诗狂”。他晚年还给自己起了个号“四明狂客”。四明是他家乡一座山的名字。

贺知章不仅是诗人，还是一位书法家，尤其是草书和隶书写得好。他平时不轻易动笔，但他酷爱喝酒，喝醉酒后就会文思泉涌，手不停书，兴致越高，字写得越大。有些了解他这一性格的人经常带着笔墨纸砚跟着他，趁他喝醉后拿出来请他写诗作文，贺知章都不会拒绝，提笔就写。更绝的是，他会视手边纸张的多少定诗文的长短，纸写完，诗文也正好写完。

贺知章从来不刻意保留自己的作品，很多书法作品写完就随手送人了，很多诗写好后也是随手一放，所以流传下来的诗只有二十首。书法作品流传下来的也很少，其中有一篇草书的《孝经》传到了日本。

làng táo shā
浪淘沙（其一）

táng liú yǔ xī
唐·刘禹锡

jiǔ qū huáng hé wàn lǐ shā
九曲黄河万里沙，
làng táo fēng bǒ zì tiān yá
浪淘风簸自天涯。
rú jīn zhí shàng yín hé qù
如今直上银河去，
tóng dào qiān niú zhī nǚ jiā
同到牵牛织女家。

注 浪淘沙：唐代曲名。

簸：颠簸，上下颠动。

牵牛织女：古代传说，天上的仙女织女下凡到人间，和牛郎结为夫妇。后来西王母抓回织女，牛郎追上天，西王母在天空划出一道银河将两人隔开，只准他们每年七月初七夜晚相会一次。牵牛，即牛郎。

译 弯弯曲曲的黄河卷来万里泥沙，
浪淘洗，风吹簸，仿佛来自天涯。
如今我们可以沿黄河直到银河去，
一起去拜访银河边牛郎织女的家。

诗歌助记

浪□沙（其一）

唐·刘□□

九曲□□万里沙，
浪□风□自天涯。
如今直上□□去，
同到□□□□家。

诗豪刘禹锡

刘禹锡是和白居易同时期的中唐诗人代表，二十一岁就考中了进士，之后在官场上平步青云，二十多岁便进入朝廷的权力中心。刘禹锡三十多岁时，新皇帝即位，反对老皇帝支持的改革，参与改革的刘禹锡也被踢出了朝廷，从人生巅峰直接跌落谷底，之后的二十多年里辗转多个偏远地区任职。

身处逆境的刘禹锡不仅没有垂头丧气，反倒写下了大量诗文作品，表达他不甘屈服于命运播弄的壮志豪情。他的诗大多境界开阔，豪气万丈，表现出积极乐观的精神，好友白居易称他为“诗豪”。《浪淘沙》便是这类诗歌的代表。

刘禹锡的《浪淘沙》组诗总共九首，前面我们已经学过第七首，今天学的是第一首。诗中前两句描写了黄河水中的泥沙经历大浪淘洗，狂风吹簸，随着滚滚黄河水奔腾万里的气势。后两句则用到了黄河与银河相通和牛郎织女的传说两个典故。

为什么沿着黄河可以“直上银河去”呢？传说西汉时，有一个人去寻找黄河的源头。那人来到源头附近，见一位女子在河边洗衣服，就问她这是什么地方。女子说：“这里是银河。”说完还送了那人一块石头。那人把石头带回来向一位大学者请教，学者说：“这是织女用来支撑织布机的石头。”因为这个传说，于是有了黄河源头和天上银河相通的说法。

诗人借着这个典故展开奇幻的想象，打算沿着黄河径直去到银河，到牛郎织女家去做客呢！

江南春
jiāng nán chūn

唐·杜牧
táng dù mù

qiān lǐ yīng tí lǜ yìng hóng
千里莺啼绿映红，
shuǐ cūn shān guō jiǔ qí fēng
水村山郭酒旗风。
nán cháo sì bǎi bā shí sì
南朝四百八十寺，
duō shǎo lóu tái yān yǔ zhōng
多少楼台烟雨中。

注　山郭：山城，山村。

酒旗：悬挂在酒馆外的旗子之类的标识。

南朝：先后定都于建康（今江苏南京）的宋、齐、梁、陈四个朝代的总称，与北方的北朝对峙。

四百八十寺：南朝皇帝好佛，在京城大建佛寺，“四百八十”是虚指，形容寺院很多。

楼台：楼阁亭台，这里指寺院建筑。

译　广阔的江南地区，到处莺歌燕舞，绿树红花相映，
水边村庄，山间小城，处处都有酒旗在随风飘动。
当年南朝建造的许多座古寺，
如今楼台亭阁都笼罩在如烟如雾的细雨之中。

诗歌助记

□□春
唐·杜□
千里莺□绿□红，
水□山□酒旗风。
南朝□□□□寺，
多少楼台□□中。
酒
酒

杜牧的咏史诗

杜牧比刘禹锡小三十一岁。刘禹锡早年在朝廷任职时，正是杜牧的爷爷、宰相杜佑手下的得力干将。杜佑还是一位历史学家，他编写的《通典》是中国历史上第一本关于法令制度的通史。杜牧从小耳濡目染，通晓历史，写下了大量咏史怀古的诗文，二十三岁时就写出了震惊文坛的《阿房宫赋》。

《江南春》是一首描绘江南春景的写景诗，但其中的“南朝四百八十寺”，一笔就带出了南朝时期统治者推崇佛教，在全国范围内广建佛寺的那段历史。诗人写这首诗时，三百多年过去了，世事变迁，改朝换代，当年的统治者早已随风而逝，只有见证了那段历史的无数佛寺建筑，还静静矗立在蒙蒙细雨中。

杜牧一生大部分时间都在地方上任职，工作之余喜欢去踏访古迹，写诗发表一下自己对历史事件和历史人物的看法，这些诗作被称为“咏史诗”，其中有很多人们耳熟能详的经典名句。

江东子弟多才俊，卷土重来未可知。《题乌江亭》

东风不与周郎便，铜雀春深锁二乔。《赤壁》

商女不知亡国恨，隔江犹唱后庭花。《泊秦淮》

一骑红尘妃子笑，无人知是荔枝来。《过华清宫》

shū hú yīn xiān shēng bì
书湖阴先生壁

sòng wáng ān shí
宋·王安石

máo yán cháng sǎo jìng wú tái
茅檐长扫净无苔，

huā mù chéng qí shǒu zì zāi
花木成畦手自栽。

yì shuǐ hù tián jiāng lǜ rào
一水护田将绿绕，

liǎng shān pái tà sòng qīng lái
两山排闼送青来。

注 湖阴先生：本名杨骥（字德逢），是王安石晚年居住江宁（今江苏南京）时的邻居兼好友。
苔：青苔。
畦：经过修整的一块块田地。这里指种有花木的一块块排列整齐的土地，周围有土埂围着。
排闼：推开门。闼，小门。

译 茅舍庭院经常打扫，洁净得没有一丝青苔，
庭院里花木成行成畦，都由主人亲手栽种。
庭院外一条水渠环绕着田里大片碧绿的禾苗，
两座山峰仿佛推门而入，给人们送来满眼青翠。

♩诗文声律

一水 ⟺ 两山　　将绿绕 ⟺ 送青来

护田 ⟺ 排闼

诗歌助记

书□□先生壁

宋·王□□

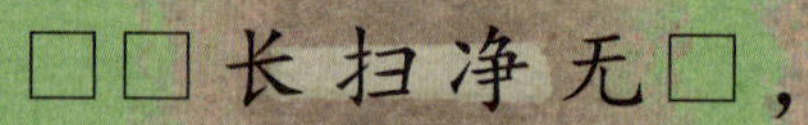

□□长扫净无□，

□□成畦手自□。

一水□□将□绕，

两山□□送□来。

王安石和集句诗

王安石推行变法遭遇重重阻碍，后来便辞去宰相职务，在南京钟山下隐居。在这里，王安石交了很多朋友，号“湖阴先生”的杨德逢便是其中一位。这天，诗人到湖阴先生家做客，对朋友的居住环境非常欣赏，便在他家的墙壁上写下了这首诗。

王安石还是写集句诗的名家。集句诗就是从古人的多首诗中挑出单独的句子，重新组合成一首新诗。在钟山隐居期间，王安石写过一首集句诗送给朋友叶致远。

山桃野杏两三栽，嫩叶商量细细开。
最是一年春好处，明朝有意抱琴来。《招叶致远》

其中第三句出自唐代韩愈的诗句，“最是一年春好处，绝胜烟柳满皇都”。这首诗后面我们会学到。

叶致远也写了一首集句诗回赠王安石。当时，王安石家门前有一口池塘，里面养了很多鱼，夜里常常有人偷鱼。王安石和朋友们在池边散步时说：“得写张告示，严禁盗鱼。”叶致远说：“用不着这么严肃，写首集句诗就行了。”于是在池上小桥的桥柱上写了四句诗：

门前秋水碧鳞鳞，赤鲤跃出如有神。
君欲钓鱼须远去，慎勿近前丞相嗔（chēn）。

后两句是说：要钓鱼的赶紧离远点儿，凑近了宰相大人可要发脾气了。当过宰相的王安石看了苦笑不已。这首诗的最后一句出自唐代诗人杜甫的《丽人行》，只改动了一个字：炙手可热势绝伦，慎莫近前丞相嗔。成语“炙手可热”就出自这首诗，这里的丞相指的是杨贵妃的堂哥、唐玄宗时祸国殃民的宰相杨国忠。

bó yá gǔ qín
伯牙鼓琴

lǚ shì chūn qiū běn wèi
选自《吕氏春秋·本味》

bó yá gǔ qín zhōng zǐ qī tīng zhī fāng gǔ
伯牙鼓琴，锺子期听之。方鼓

qín ér zhì zài tài shān zhōng zǐ qī yuē shàn zāi hū
琴而志在太山，锺子期曰："善哉乎

gǔ qín wēi wēi hū ruò tài shān shǎo xuǎn zhī jiān ér
鼓琴，巍巍乎若太山。"少选之间而

zhì zài liú shuǐ zhōng zǐ qī yòu yuē shàn zāi hū gǔ
志在流水，锺子期又曰："善哉乎鼓

qín shāng shāng hū ruò liú shuǐ zhōng zǐ qī sǐ bó
琴，汤汤乎若流水。"锺子期死，伯

yá pò qín jué xián zhōng shēn bú fù gǔ qín yǐ wéi shì
牙破琴绝弦，终身不复鼓琴，以为世

wú zú fù wèi gǔ qín zhě
无足复为鼓琴者。

鼓：弹奏。

志：心志，情志。

太山：泛指大山、高山。一说指东岳泰山。

善哉：好啊。赞美之词。善，好；哉，语气词，表示感叹。

巍巍：高大的样子。

若：像……一样。

少选：一会儿，不久。

汤汤：水流大而急的样子。

绝：断绝。

伯牙弹琴，锺子期听他弹琴。刚开始弹时，伯牙心里想着高山，锺子期说："琴弹得真好呀，像大山一样巍峨高峻。"不一会儿，伯牙心里又想着流水，锺子期又说："琴弹得真好呀，像流水一样浩浩荡荡。"锺子期死后，伯牙摔琴断弦，终生不再弹琴，他认为世上再没有值得他为之弹琴的人了。

♩诗文声律

巍巍乎 ⇌ 汤汤乎　若太山 ⇌ 若流水

伯牙□□

选自《吕氏□□·本味》

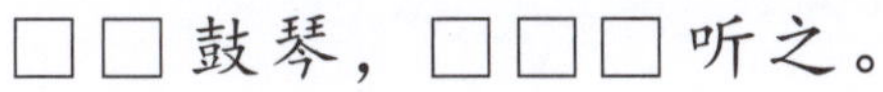

□□鼓琴，□□□听之。

□鼓琴而志在□□，锺子期曰：“□□乎鼓琴，□□乎若太山。”

□□之间而志在□□，锺子期又曰：“□□乎鼓琴，□□乎若流水。”

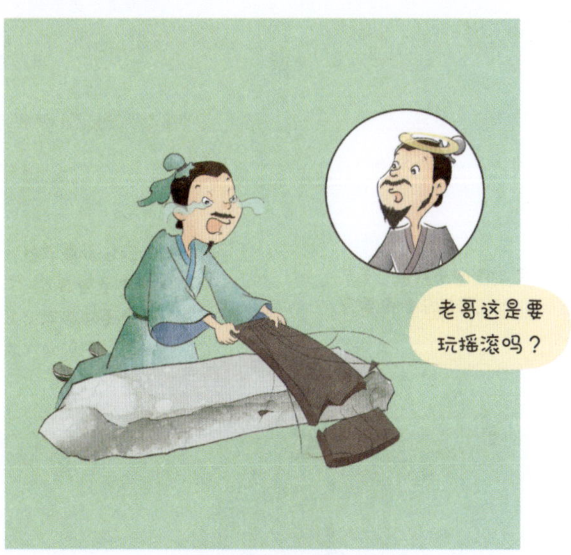

锺子期死，伯牙□琴□弦，□□不复鼓琴，以为世无足复为鼓琴者。

伯牙和锺子期

故事中的伯牙是春秋时期晋国的一位大臣，精通音乐，琴艺高超。虽然周围的人都夸他琴弹得好，但真正能听懂乐曲精妙之处的人并没有。

有一次，伯牙回自己的故乡楚国办事。乘船走到汉阳江口时，突然下起了大雨，他把船停在一座小山旁边，拿出古琴开始弹奏。美妙的琴声吸引了一位路过的砍柴人，这个人就是锺子期，一位能真正欣赏伯牙音乐的“知音”。“知音”的典故正是来源于伯牙和锺子期的故事，被人们用来形容真正了解自己的人。

伯牙弹奏的这首琴曲就是《高山流水》。后来，“高山流水”成为一个成语，指演奏的乐曲高雅精妙，意境深远。不过更多的时候是用来指人们遇到知音，或是形容知音难得。

终于找到知音的伯牙激动万分，分别时两人约好来年中秋节再见面。第二年，伯牙来到约定的地方，却没有等到子期，到处打听才知道，子期已经去世了。伯牙来到子期坟前，拿出古琴，弹奏起《高山流水》。一曲弹完后，伯牙叹着气说：“能听懂这琴声的人已经不在了，还要这把琴有什么用。”于是举起琴摔碎在旁边的青石上，从此之后，再也没弹过琴。

在现在湖北武汉的汉阳区，还建有一座古琴台，纪念伯牙和锺子期的友谊。

shū dài sōng huà niú

书戴嵩画牛

sòng sū shì

宋・苏轼

shǔ zhōng yǒu dù chǔ shì hào shū huà suǒ bǎo yǐ bǎi

蜀中有杜处士，好书画，所宝以百

shǔ yǒu dài sōng niú yì zhóu yóu suǒ ài jǐn náng

数。有戴嵩《牛》一轴，尤所爱，锦囊

yù zhóu cháng yǐ zì suí

玉轴，常以自随。

yí rì pù shū huà yǒu yí mù tóng jiàn zhī fǔ zhǎng

一日曝书画，有一牧童见之，拊掌

dà xiào yuē cǐ huà dòu niú yě niú dòu lì zài

大笑，曰："此画斗牛也。牛斗，力在

jiǎo wěi chù rù liǎng gǔ jiān jīn nǎi diào wěi ér dòu miù

角，尾搐入两股间，今乃掉尾而斗，谬

yǐ chǔ shì xiào ér rán zhī gǔ yǔ yǒu yún gēng dāng

矣。"处士笑而然之。古语有云："耕当

wèn nú zhī dāng wèn bì bù kě gǎi yě

问奴，织当问婢。"不可改也。

戴嵩：唐代画家。

处士：本指有才华有德行但不愿去做官的人，后来也泛指没有做过官的读书人。

所宝：所珍藏的（书画）。

《牛》：指戴嵩画的《斗牛图》。

锦囊玉轴：用锦缎做装画的袋子，用玉石做卷画的轴子。

曝：晒。　拊掌：拍手。

搐：抽缩，收缩。　股：大腿。

乃：却。　掉：摆动，摇动。

谬：错误。　然之：认为他说得对。

译

四川有个姓杜的读书人，爱好书画，他珍藏的书画作品有几百件。其中有戴嵩的《斗牛图》一幅，他特别喜爱，用玉石做画轴，装在锦袋里，经常随身带着。

有一天晾晒书画，一个牧童看到这幅画，拍着手大笑说："这画的是角（jué）斗的牛呀。牛在角斗时力量集中在角上，尾巴夹在两条后腿中间，这幅画却画成牛摇着尾巴相斗，画错了啊！"处士听后笑了，认为牧童说得对。有句古话说："耕种的事应当去问种庄稼的农民，织布的事应当去问织布的婢女。"这个道理是不会改变的啊。

书□□画牛

宋·苏□

蜀中有杜□□，好□□，所宝以□□。有□□《牛》一轴，尤所爱，锦□玉□，常以□□。

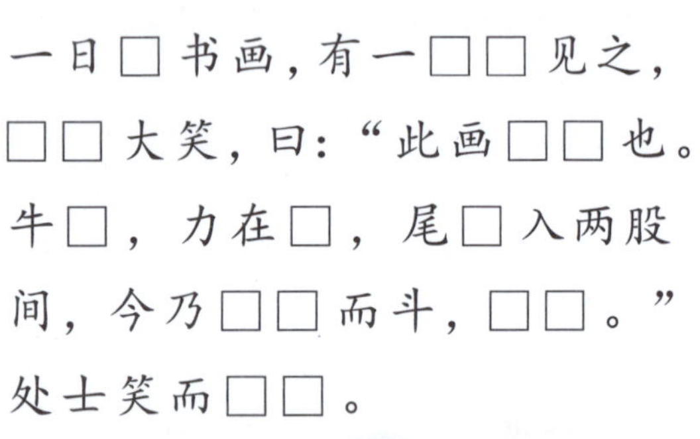
一日□书画，有一□□见之，□□大笑，曰：“此画□□也。牛□，力在□，尾□入两股间，今乃□□而斗，□□。”处士笑而□□。

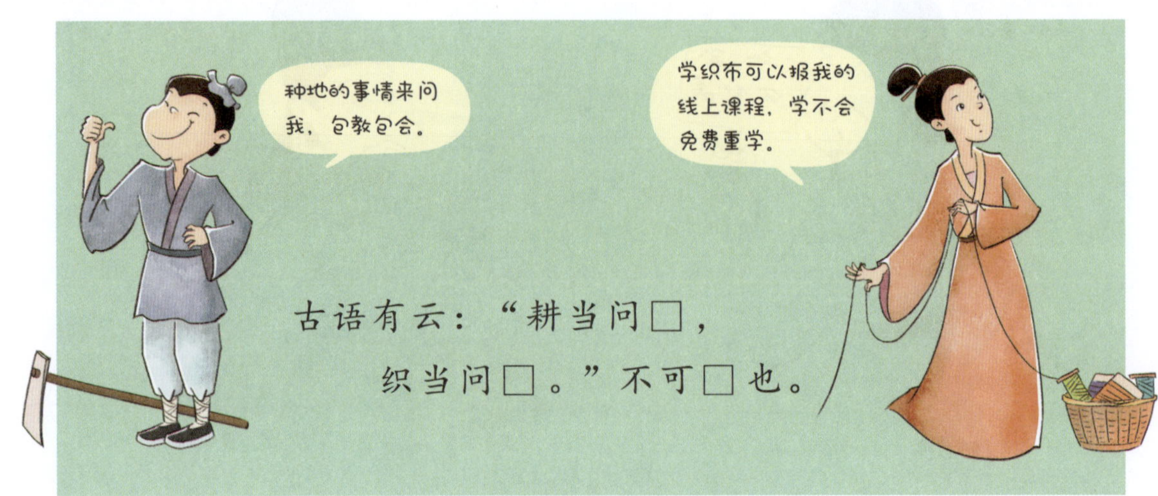

古语有云：“耕当问□，织当问□。”不可□也。

牛尾巴到底在哪里

宋代大文豪苏轼写下的这个小故事是想告诉人们一个道理：实践出真知。

故事中所说的画是唐代画家戴嵩的《斗牛图》，这幅画有没有流传下来我们不清楚，但戴嵩有一幅《斗牛图》流传到了今天，现在收藏在台北故宫博物院里。不过，画中的斗牛尾巴并没有翘着，而是夹在两条后腿间。清朝的乾隆皇帝也读过苏轼的这篇文章，还在画上题了一首诗：

角尖项强力相持，蹴(cù)踏腾轰各出奇。想是牧童指点后，股间微露尾垂垂。

后两句大致是说：想必是画家经过牧童指点后，把牛尾巴改画成了夹在两条后腿间。

后来，乾隆皇帝去北京郊区观看了一场斗牛比赛。他发现，牛在相斗的时候，大多数时候是把尾巴夹在腿间，但有时候也会把尾巴翘起来。所以说，杜处士收藏的这幅《斗牛图》中，戴嵩画得也并没有错。于是，乾隆皇帝在自己的题诗后面又题了一首诗，大致意思是说：自己亲眼观看过斗牛后，发现苏轼也错了。

苏轼没有亲自看过斗牛，却轻易相信了牧童的话，还写下这个故事来发表议论，这和他在故事中赞扬的“实践出真知”正好是相违背的。

我们再把整个故事梳理一遍。戴嵩画了幅《斗牛图》，里面的牛正翘着尾巴相斗。牧童认为他画错了，牛打架时尾巴应该是夹着的。苏轼记下了这个故事，认为牧童说得对。乾隆皇帝亲自观看了斗牛，发现牛相斗时有夹尾巴的也有翘尾巴的。

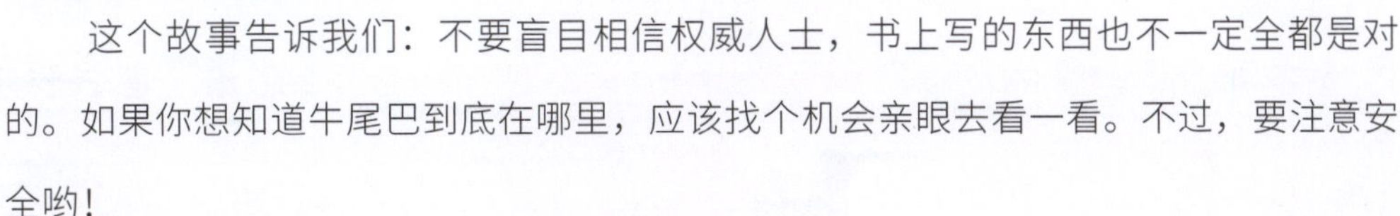

这个故事告诉我们：不要盲目相信权威人士，书上写的东西也不一定全都是对的。如果你想知道牛尾巴到底在哪里，应该找个机会亲眼去看一看。不过，要注意安全哟！

hán shí
寒食

táng hán hóng
唐 · 韩 翃

chūn chéng wú chù bù fēi huā
春 城 无 处 不 飞 花，

hán shí dōng fēng yù liǔ xié
寒 食 东 风 御 柳 斜。

rì mù hàn gōng chuán là zhú
日 暮 汉 宫 传 蜡 烛，

qīng yān sàn rù wǔ hóu jiā
轻 烟 散 入 五 侯 家。

注 寒食：寒食节，通常在冬至后的第 105 天，清明节前一天或两天，古代在节日期间不能生火做饭，只能吃冷食，所以称为“寒食”。

春城：这里指春天的长安城。

御柳：皇城中的柳树。

汉宫：这里用汉代皇宫来借指唐代皇宫。

传蜡烛：皇宫中传赐新火。

五侯：这里泛指权贵豪门。

译 春天的长安城，到处飘飞着柳絮、花瓣，寒食节的东风吹斜了皇城中柳树柔软的枝条。傍晚时分，皇宫里传送点燃的蜡烛，赏赐王侯近臣，袅袅轻烟飘散到天子宠爱的权贵家中。

诗歌助记

□食
唐·韩□
□□无处不□花，
□□东风御柳□。
□□汉宫□蜡烛，
□□□入五侯家。

寒食节的由来

寒食节起源于两千多年前的春秋时期。当时，晋国发生内乱，公子重耳为了躲避祸乱，在外逃亡十九年，随从介子推一直忠心耿耿地跟随着他。逃亡路上，介子推甚至还曾从自己腿上割下一块肉，熬成汤给重耳充饥。后来，重耳终于回到晋国当上了国君，他就是晋文公。

晋文公即位后封赏群臣，却单单忘了介子推。介子推不愿去夸耀功劳，求取封赏，于是带着老母亲去到位于现在山西介休的绵山上隐居。后来，晋文公终于想起了他，于是去绵山请他出山做官，但介子推躲在山里不肯出来。晋文公为了逼他出来，下令放火烧山，却没想到介子推宁可被烧死也没有出来。晋文公非常后悔，为了祭奠他，便下令每年在他死的这一天全国禁烟火，只能吃冷食。这就是寒食节的由来。

唐代时，寒食节已经成为全国性的法定假日。有一种说法认为，《寒食》这首诗的后两句表达的意思是，寒食节全国禁火，权贵宠臣却能得到皇帝赏赐的点燃的蜡烛，诗人写这首诗是为了讽刺这种“只许州官放火，不许百姓点灯”的不平等现象。

其实，在韩翃生活的年代，寒食和清明两节合在一起，放五天长假。而在清明节这天，皇宫里有用榆木、柳木钻取“新火”，赏赐给王侯大臣的习俗，标志着寒食节已经结束，可以用火了，同时也有鼓励臣子们向忠诚的介子推学习的意思。所以后两句诗表达的是皇帝关爱下属、权贵蒙受皇恩，君臣和谐的太平景象。当时的皇帝唐德宗非常喜欢这首诗，还因此给韩翃升了官呢！

迢迢牵牛星
tiáo tiáo qiān niú xīng

选自《古诗十九首》
gǔ shī shí jiǔ shǒu

tiáo tiáo qiān niú xīng, jiǎo jiǎo hé hàn nǚ.
迢迢牵牛星，皎皎河汉女。
xiān xiān zhuó sù shǒu, zhá zhá nòng jī zhù.
纤纤擢素手，札札弄机杼。
zhōng rì bù chéng zhāng, qì tì líng rú yǔ.
终日不成章，泣涕零如雨。
hé hàn qīng qiě qiǎn, xiāng qù fù jǐ xǔ.
河汉清且浅，相去复几许。
yíng yíng yì shuǐ jiān, mò mò bù dé yǔ.
盈盈一水间，脉脉不得语。

注 迢迢：遥远的样子。
河汉女：指织女星。河汉，银河。
纤纤：纤细柔长的样子。
擢：伸出。 素：白皙（xī）。
札札：织布机发出的响声。
机杼：织布机。杼，织布机上的梭子。
章：布帛上的花纹。 零：落下。
盈盈：清澈的样子。 脉脉：相视无言的样子。

译 牵牛星和织女星隔着银河遥遥相望。
织女伸出白皙的双手，札札地摆弄着织布机。
可是一整天也织不成纹样，眼泪如雨点般滴落。
银河看起来又清又浅，两岸相隔又能有多远。
虽然只隔着一条银河，也只能相视无言。

♩诗文声律

迢迢 ⟹ 皎皎　　擢素手 ⟹ 弄机杼

牵牛星 ⟹ 河汉女

诗歌助记

迢迢□□□

选自《古诗□□首》

迢迢□□□，皎皎□□□。

纤纤擢□□，札札弄□□。

终日不□□，

□□零如雨。

河汉□□□，相去□□□。

□□一水间，□□不得语。

《古诗十九首》

今天读到的这首诗和前面的绝句、律诗不一样，既不是四句，也不是八句，因为这是一首出现在绝句、律诗之前的文人五言诗。

绝句、律诗成熟和流行于一千四百年前的唐代，而文人五言诗盛行于两千年前的东汉，每一句为五个字，全诗的总句数并不固定。本诗出自五言诗经典作品集《古诗十九首》。

南北朝时期，南朝梁武帝的长子萧统主持编选了诗文作品集《文选》，收录从先秦到南朝梁代一百多位作者的诗文七百多篇，是中国现存的最早一部诗文总集。萧统谥号（人死后，后人给他的带有评价性质的称号）“昭明”，所以这部文选也称为《昭明文选》，其中包含了东汉年间无名作者创作的十九首五言诗，统称为《古诗十九首》。

这十九首诗的诗名全都是五个字，因为原诗没有诗名，于是选取了第一句作为诗名。你可能已经注意到，《迢迢牵牛星》中用到了很多叠词，如：迢迢、皎皎、纤纤、札札。诗人用叠词来渲染气氛，抒发情感，细腻、传神地描绘了种种情态，同时也使诗歌更有节奏感。《古诗十九首》中，多首诗都使用了叠词。

行行重行行，与君生别离。《行行重行行》

白杨多悲风，萧萧愁杀人。《去者日以疏》

青青陵上柏，磊磊涧中石。《青青陵上柏》

冉冉孤生竹，结根泰山阿（ē）。《冉冉孤生竹》

青青河畔草，郁郁园中柳。盈盈楼上女，皎皎当窗牖（yǒu）。《青青河畔草》

回车驾言迈，悠悠涉长道。四顾何茫茫，东风摇百草。《回车驾言迈》

shí wǔ yè wàng yuè
十五夜望月

táng　wáng jiàn
唐 · 王 建

zhōng tíng dì bái shù qī yā
中庭地白树栖鸦，
lěng lù wú shēng shī guì huā
冷露无声湿桂花。
jīn yè yuè míng rén jìn wàng
今夜月明人尽望，
bù zhī qiū sī luò shuí jiā
不知秋思落谁家。

注 十五夜：指农历八月十五中秋节的夜晚。
中庭：即庭中，庭院中。
地白：月光照在庭院地上的样子。
秋思：秋天的情思，这里指思念远方亲友的情绪。

译 庭院地面月光雪白，树上栖息着鹊鸦，
秋露无声无息打湿了院中桂花。
今夜明月当空，世间人人仰望，
不知道这秋日情思会落到谁家。

诗歌助记

□□夜望月

唐·王□

□□地白树□鸦，

□□无声□桂花。

今夜□□人尽□，

不知□□□谁家。

佳节古诗词

唐朝诗人王建的这首《十五夜望月》和《寒食》都是和我国传统节日有关的古诗。传统佳节很容易引发诗人们的诗兴，古代文人留下了很多关于节日的诗词佳句。下面的几首古诗词，我们大多都学过，你还能背诵出来吗？

元旦（正月初一）

爆竹声中一岁除，春风送暖入屠苏。
千门万户曈曈日，总把新桃换旧符。

宋·王安石《元日》

元宵（正月十五）

去年元夜时，花市灯如昼。
月上柳梢头，人约黄昏后。

宋·欧阳修《生查子·元夕》

寒食

春城无处不飞花，寒食东风御柳斜。
日暮汉宫传蜡烛，轻烟散入五侯家。

唐·韩翃《寒食》

清明

清明时节雨纷纷，路上行人欲断魂。
借问酒家何处有？牧童遥指杏花村。

唐·杜牧《清明》

端午（五月初五）

五月五日午，赠我一枝艾。
故人不可见，新知万里外。

宋·文天祥《端午即事》

七夕（七月初七）

七夕今宵看碧霄，牵牛织女渡河桥。
家家乞巧望秋月，穿尽红丝几万条。

唐·林杰《乞巧》

中秋（八月十五）

中庭地白树栖鸦，冷露无声湿桂花。
今夜月明人尽望，不知秋思落谁家。

唐·王建《十五夜望月》

重阳（九月初九）

独在异乡为异客，每逢佳节倍思亲。
遥知兄弟登高处，遍插茱萸少一人。

唐·王维《九月九日忆山东兄弟》

cháng gē xíng

长歌行

hàn yuè fǔ

汉乐府

qīng qīng yuán zhōng kuí， zhāo lù dài rì xī。
青青园中葵，朝露待日晞。

yáng chūn bù dé zé， wàn wù shēng guāng huī。
阳春布德泽，万物生光辉。

cháng kǒng qiū jié zhì， kūn huáng huā yè shuāi。
常恐秋节至，焜黄华叶衰。

bǎi chuān dōng dào hǎi， hé shí fù xī guī？
百川东到海，何时复西归？

shào zhuàng bù nǔ lì， lǎo dà tú shāng bēi！
少壮不努力，老大徒伤悲！

注

长歌行：汉乐府曲题。

葵：蔬菜名，中国古代重要蔬菜之一。

晞：天亮，引申为阳光照耀。

布：布施，给予。

德泽：恩惠。 秋节：秋季。

焜黄：形容草木凋落枯黄的样子。

华：同“花”。

徒：白白地。

译

园中的葵菜郁郁葱葱，早晨的露水等待阳光照耀。

和煦的春天处处洒满阳光雨露，万物生机盎然闪耀着生命的光辉。

常常担心秋天很快来临，红花绿叶纷纷枯黄凋零。

百川奔腾着向东流入大海，何时才能掉头流回西边？

年轻力壮的时候不奋发努力，等到年老只能白白后悔伤悲！

♩诗文声律

阳春 ⇌ 万物　　少壮 ⇌ 老大

布德泽 ⇌ 生光辉　　不努力 ⇌ 徒伤悲

诗歌助记

青青 园中葵， 朝露 待日晞。

阳春 布德泽， 万物 生光辉。

少壮 不努力，

常恐 秋节至， 焜黄 华叶衰。

百川 东到海， 何时 复西归？

老大 徒伤悲！

□□行

汉 □□

青青□□□，
□□待日晞。
阳春布□□，
万物生□□。
常恐□□至，
□□华叶衰。
□□东到海，
何时复□□？
少壮不□□，
老大徒□□！

劝学名句

今天学的这首汉乐府你之前可能没有读过，但诗中最后两句“少壮不努力，老大徒伤悲”你多半听说过，在很多学校的教室墙壁上，都写着这两句催人奋发努力的古诗。为了劝大家珍惜时间，勤奋学习，古人留下了很多诗文名句。

黑发不知勤学早，白首方悔读书迟。唐·颜真卿《劝学》

少年易老学难成，一寸光阴不可轻。宋·朱熹《偶成》

敏而好学，不耻下问。春秋·孔子《论语》

不知则问，不能则学。战国·荀子《荀子》

智能之士，不学不成，不问不知。汉·王充《论衡》

默而识之，学而不厌，诲人不倦。春秋·孔子《论语》

不积跬（kuǐ）步，无以至千里；不积小流，无以成江海。战国·荀子《荀子》

业精于勤，荒于嬉；行成于思，毁于随。唐·韩愈《进学解》

古人学问无遗力，少壮工夫老始成。宋·陆游《冬夜读书示子聿（yù）》

读书百遍，而义自见。三国魏·鱼豢《魏略·儒宗传·董遇传》

读万卷书，行万里路。明·董其昌《画禅室随笔》

读书破万卷，下笔如有神。唐·杜甫《奉赠韦左丞丈二十二韵》

旧书不厌百回读，熟读深思子自知。宋·苏轼《送安惇（dūn）秀才失解西归》

mǎ shī
马诗

táng lǐ hè
唐·李贺

dà mò shā rú xuě
大漠沙如雪，

yān shān yuè sì gōu
燕山月似钩。

hé dāng jīn luò nǎo
何当金络脑，

kuài zǒu tà qīng qiū
快走踏清秋。

注 燕山：燕然山，即今蒙古国境内杭爱山。这里借指边塞。

钩：古代的一种兵器，形似月牙。

何当：何时将要。

金络脑：即金络头，用黄金装饰的马笼头。

踏：走，跑。

清秋：清朗的秋天。

译 广阔的沙漠，黄沙在月光的映照下犹如皑皑白雪，

连绵的燕山山岭上，明月弯弯如钩。

什么时候才能给马儿戴上金络头，

在秋高气爽的疆场上驰骋。

♩诗文声律

大漠 ⇌ 燕山

沙如雪 ⇌ 月似钩

诗歌助记

□诗

唐·李□

□□沙如□，□□月似□。

何当金□□，快走踏□□。

呕心沥血的诗人

李贺的《马诗》总共有二十三首，本诗是其中第五首。李贺是唐朝中期浪漫主义诗人的代表，和同为浪漫主义诗人的李白、李商隐合称“三李”。

李商隐为李贺写过一篇传记，文中记录了李贺创作诗歌的过程。平日里，李贺经常会带着小书童出门寻找创作素材。一旦有了灵感，就马上提笔写下来，然后把纸卷起来放进书童背着的口袋里。等到天黑回家后，他母亲从口袋里取出诗稿，看有厚厚一叠，心疼地说：“这孩子写诗是要写到把心肝呕（ǒu）出来才肯罢休啊！”李贺吃过饭后，在灯下把这些零星的诗句补充成完整的诗，再放进另一个袋子里。他的很多诗都是这样写出来的。

李贺因为父亲名叫李晋肃，“晋”和“进”同音，为了避讳（huì），李贺就不能考进士了。避讳是指在封建时代，为了维护等级制度的尊严，说话、写文章时遇到君主或尊长的名字，都不能直接说出或写出。李贺这种情况其实并不在避讳的范围内。文学家韩愈非常赏识李贺的才华，专门写了一篇文章替李贺说话，说这种“避讳”毫无意义。

韩愈有诗句“刳（kū）肝以为纸，沥血以书辞”，把肝剖开来当纸，以血为墨写成诗文，后人把“呕心”“沥血”连起来，形成“呕心沥血”这个成语，多用来形容为事业、工作、文艺创作等费尽心思和精力。

shí huī yín
石灰吟

míng yú qiān
明 · 于谦

qiān chuí wàn záo chū shēn shān
千锤万凿出深山，

liè huǒ fén shāo ruò děng xián
烈火焚烧若等闲。

fěn gǔ suì shēn hún bú pà
粉骨碎身浑不怕，

yào liú qīng bái zài rén jiān
要留清白在人间。

注 等闲：平常。
浑：全，全然。
清白：指石灰洁白的本色，比喻高尚的节操。

译 石灰石经历了千锤万凿从深山中开采出来，
它把被烈火焚烧只当成一件很平常的事。
即使粉身碎骨也毫不惧怕，
只要把一身清白留在人间。

诗歌助记

千锤万凿 出深山，

烈火焚烧 若等闲。

粉骨碎身 浑不怕，

要留清白 在人间。

□□吟
明·于□
千□万□出深山，
烈火焚烧若□□。
粉□碎□浑不怕，
要留□□在人间。

两袖清风，一身清白

于谦是浙江钱塘（今浙江杭州）人。二十一岁那年，为了备战科举考试，他和朋友一起住进了杭州郊外的富阳山苦读。一天，于谦在山中散步时，走到一处石灰窑前，看工人在烧石灰，深有感触，于是写下了这首《石灰吟》。这首诗表面是在吟诵石灰，但诗句中暗含的寓意却成为于谦一生不畏强权、正直清廉的写照。

于谦在地方上为官多年，为人民办了很多实事，等到他离任回京向皇帝汇报工作时，人们问他：“你这次回京，有没有带什么特产送给皇上啊？”因为当时官场上的风气，官员们离任回京城时，都会带上大批当地的土特产和珍贵的珠宝献给皇帝和京城的高官们。于谦笑着挥挥衣袖说：“我没有什么特产可带，带来的就只有这两袖的清风了。”比喻为官清廉的成语“两袖清风”就出自于谦的这个故事。

公元 1449 年，明英宗率大军出征，与北方的瓦剌（là）军作战，明军大败，明英宗也被瓦剌军活捉了去。接着，瓦剌军带着明英宗一直打到了都城北京城下。在这危急关头，为了稳定局面，当时担任兵部尚书的于谦拥立了新皇帝，并部署兵力，指挥作战，打败了瓦剌军，赢得了北京保卫战的胜利。可后来等明英宗复位后，于谦受朝中恶势力诬陷，被朝廷冤杀。几年后，明英宗的儿子明宪宗即位，为于谦昭雪冤案，还了这位为明王朝立下过卓越功勋的大臣一身清白。

zhú shí

竹石

qīng zhèng xiè

清 · 郑燮

yǎo dìng qīng shān bú fàng sōng

咬 定 青 山 不 放 松，

lì gēn yuán zài pò yán zhōng

立 根 原 在 破 岩 中。

qiān mó wàn jī hái jiān jìng

千 磨 万 击 还 坚 劲，

rèn ěr dōng xī nán běi fēng

任 尔 东 西 南 北 风。

注 竹石：扎根在石缝中的竹子。

咬定：比喻根扎得结实，像咬着青山不松口一样。

立根：扎根，生根。

破岩：裂开的山岩，即岩石的缝隙。

坚劲：坚强有力。

任：任凭。 尔：你。

译 竹子像是一口咬住青山，一点儿也不放松，

因为它的根牢牢扎在岩石缝隙中。

经历无数磨难和打击仍然坚韧有力，

任凭你刮的是东风还是西风，南风还是北风，也不动摇。

诗歌助记

竹石

清·郑□

咬定□□不放松，

立根原在□□中。

□□□□还坚劲，

任尔□□□□风。

郑板桥卖对联

本诗作者郑燮是清朝著名的书画大家，他还有一个人们更为熟悉的名字——郑板桥，板桥是他的号。郑板桥最擅长画竹、兰、石，诗也写得好，他的诗、书、画在当时就被人们称为“三绝”。《竹石》是他题写在竹石画上的一首诗。

郑板桥四十多岁才考中进士，五十岁后当了十二年县令，在职期间一心为百姓办实事。这一年，他任职的潍县（今山东潍坊）境内闹饥荒，郑板桥因为请求朝廷救济灾民，得罪了顶头上司，郑板桥干脆辞了职，定居江苏扬州，当了个靠卖书画为生的自由艺术家。

郑板桥卖书画明码标价，大幅画六两白银，中幅画四两，对联一两，扇面五钱。但对于一些势力眼的小人，郑板桥会毫不客气地索要高价。据说有一次，江西龙虎山的道士张真人朝见皇帝后回来，路过扬州，当地的商人们争着结交、讨好张真人。有位商人特意定制了两米宽、三米多长的超大幅纸张，请郑板桥为张真人写幅对联。郑板桥开价一千两，商人却只肯给五百。郑板桥二话不说，提笔就在纸上写出了上联：“龙虎山中真宰相。”商人一看，这笔字确实气势非凡，句子的意思也好，非常高兴，就请郑板桥接着写下联。郑板桥这时才不慌不忙地说：“说好的一千两，你的钱只给一半，所以我的对联也只能写一半。”商人不得已，只好补齐了另外五百两，郑板桥这才写出下联：“麒麟阁上活神仙。”

xué yì

学弈

mèng zǐ gào zǐ shàng

选自《孟子·告子上》

yì qiū tōng guó zhī shàn yì zhě yě shǐ yì
弈秋，通国之善弈者也。使弈
qiū huì èr rén yì qí yì rén zhuān xīn zhì zhì
秋诲二人弈，其一人专心致志，
wéi yì qiū zhī wéi tīng yì rén suī tīng zhī yì
惟弈秋之为听；一人虽听之，一
xīn yǐ wéi yǒu hóng hú jiāng zhì sī yuán gōng zhuó ér shè
心以为有鸿鹄将至，思援弓缴而射
zhī suī yǔ zhī jù xué fú ruò zhī yǐ wèi shì
之。虽与之俱学，弗若之矣。为是
qí zhì fú ruò yú yuē fēi rán yě
其智弗若与？曰：非然也。

弈：下棋。
秋：人名，因为他善于下棋，所以称为弈秋。
通国：全国。
使：让。
诲：教导。
其：其中。
鸿鹄：指天鹅、大雁一类的鸟。
援：引，拉。
缴：系在箭上的丝绳，这里指带有丝绳的箭，射出后可以将箭收回。
弗若：不如。
为：因为。
与：同“欤”，句末语气词，表示疑问。
曰：说。
然：这样。

弈秋是全国最擅长下棋的人。让弈秋教两个人下棋，其中一人专心致志地学习，只听弈秋的教导；另一个人虽然也在听讲，却一心以为有大雁要飞来，想要拉开弓箭将它射下来。这个人虽然和那个专心致志的人一起学下棋，棋艺却不如那个人。这是因为他的智力不如那个人吗？要我说：不是这样的。

学□

选自《□子·告子上》

弈秋，通国之□□者也。

使弈秋□二人□，其一人□□□□，惟□□之为□；

一人虽□□，一心以为有□□将至，思援□□而射之。

虽与之□□，□□之矣。为是其智□□与？曰：非然也。

围棋

两个学生一起跟着国宝级大师学下棋，同一个老师，同一种教法，最后的学习成果却大不一样。那个上课时一心想着要射大雁的学生棋艺远不如那个专心致志听老师教导的学生。讲完故事后，作者用了一个设问句自问自答：这是因为他的智力不如那个人吗？并不是这样的。那会是什么原因呢？你肯定已经想到了，正是因为学习时不专心致志，才会不如别人。作者通过讲述一个短小的故事告诉大家，只有专心致志才能有所成就。成语“专心致志”就出自这个小故事。

故事中所说的棋是围棋，这是我国一种古老的棋类游戏，相传是由远古时期的尧帝发明的。我们常说的“琴棋书画”，其中的“琴”指古琴，“棋”说的就是围棋。弹奏古琴、下围棋、写书法、绘画是古代文人修身养性的四大爱好，诗人们也留下了很多关于围棋的诗词佳句，多用来表现一种悠然度日的闲情逸致。

有约不来过夜半，
闲敲棋子落灯花。
宋・赵师秀《约客》

饮酒对春草，弹棋闻夜钟。唐・岑参《北庭贻（yí）宗学士道别》

老妻画纸为棋局，稚子敲针作钓钩。唐・杜甫《江村》

酒食罢无为，棋槊（shuò）以相娱。唐・韩愈《示儿》

山僧对棋坐，局上竹阴清。唐・白居易《池上二绝》

小鼎煎茶面曲池，白须道士竹间棋。唐・李商隐《即目》

钓鱼船上听吹笛，煨芋炉头看下棋。宋・文天祥《用前人韵赋招隐》

liǎng xiǎo ér biàn rì

两小儿辩日

liè zǐ tāng wèn

选自《列子·汤问》

kǒng zǐ dōng yóu jiàn liǎng xiǎo ér biàn dòu wèn qí gù

孔子东游，见两小儿辩斗，问其故。

yì ér yuē wǒ yǐ rì shǐ chū shí qù rén jìn ér rì zhōng shí yuǎn yě

一儿曰："我以日始出时去人近，而日中时远也。"

yì ér yuē wǒ yǐ rì chū chū yuǎn ér rì zhōng shí jìn yě

一儿曰："我以日初出远，而日中时近也。"

yì ér yuē rì chū chū dà rú chē gài jí rì zhōng zé rú pán yú cǐ bù wéi yuǎn zhě xiǎo ér jìn zhě dà hū

一儿曰："日初出大如车盖，及日中则如盘盂，此不为远者小而近者大乎？"

yì ér yuē rì chū chū cāng cāng liáng liáng jí qí rì zhōng rú tàn tāng cǐ bù wéi jìn zhě rè ér yuǎn zhě liáng hū

一儿曰："日初出沧沧凉凉，及其日中如探汤，此不为近者热而远者凉乎？"

kǒng zǐ bù néng jué yě

孔子不能决也。

liǎng xiǎo ér xiào yuē shú wèi rǔ duō zhì hū

两小儿笑曰："孰为汝多知乎？"

注

辩斗：辩论，争论。

其：代词，他们。

故：缘故，原因。

以：认为。　去：离，距离。

日中：正午。

车盖：古时车上的圆形篷盖，像雨伞一样。

及：到，到了。

盘盂：盛物的器皿。圆的为盘，方的为盂。

沧沧凉凉：寒凉。

探汤：把手伸进热水里。这里指天气很热。汤，热水。

决：决断，判定。　孰：谁。

为：同“谓”，说。　汝：你。

知：同“智”，智慧。

孔子去东方游历，见到两个小孩在争论，就问他们争论的原因。

一个小孩说：“我认为太阳刚出来时离人近，而正午的时候离人远。”

另一个小孩说：“我认为太阳刚出来时远，而正午的时候离人近。”

一个小孩说：“太阳刚出来时像车盖一样大，到了中午就像盘子一般小了，这不是因为远处的东西看着小而近处的东西看着大吗？”

另一个小孩说：“太阳刚出来时很凉爽，到了中午热得像把手伸进热水中，这不是因为离得近让人感觉热，离得远让人感觉凉吗？”

孔子听后无法判断他们俩谁对谁错。

两个小孩笑着对孔子说：“是谁说你智慧多呢？”

太阳早上近还是中午近？

早上和中午，太阳离我们的距离是一样的。早上的太阳看上去更大只是我们视觉上的错觉。太阳刚升起时，在房屋、树木的衬托下会显得很大。到了中午，太阳只有广阔的天空作为背景，所以会显得小。一天中的气温变化确实主要受太阳光的影响，但气温差异并不是由太阳离地球的远或近造成的，而在于阳光的直射或斜射。早上和傍晚，阳光是斜射的，辐射的热量较少；中午的阳光是直射的，辐射的热量多。而且太阳出来后，热量慢慢积累，所以中午会比早上热。

两小儿□□

选自《□子·汤问》

孔子东游，见两小儿□□，问其□。

一儿曰："我以日始出时去人□，而日□时□也。"

一儿曰："我以日初出□，而日□时□也。"

一儿曰："日初出大如□□，及日中则如□□，此不为远者□而近者□乎？"

一儿曰："日初出□□□□，及其日中如□□，此不为近者□而远者□乎？"

孔子不能□也。

两小儿笑曰："□为汝多□乎？"

采薇（节选）

选自《诗经·小雅》

xī wǒ wǎng yǐ，yáng liǔ yī yī。
昔我往矣，杨柳依依。
jīn wǒ lái sī，yù xuě fēi fēi。
今我来思，雨雪霏霏。
xíng dào chí chí，zài kě zài jī。
行道迟迟，载渴载饥。
wǒ xīn shāng bēi，mò zhī wǒ āi！
我心伤悲，莫知我哀！

注

薇：植物名。
昔：从前，这里指出征时。
往：指当初去从军。
依依：形容柳丝轻轻随风摇曳的样子。
思：句末语气词，没有实在意义。
雨雪：下雪。雨，这里作动词，“下”的意思。
霏霏：雪下得很大的样子。
迟迟：迟缓的样子。
载：则，又。　莫：没有人。

译

昔日从军出征时，杨柳像是与我依依惜别。
如今在回来的路上，又纷纷扬扬下起了大雪。
路途曲折漫长，泥泞难行，一路上又渴又饿。
我满心的伤悲，没有人会懂得我的这份哀伤！

♩诗文声律

昔我往矣 ⇌ 今我来思
杨柳依依 ⇌ 雨雪霏霏

诗歌助记

采□（节选）

选自《诗经·□□》

□我□矣，杨柳□□。

□我□思，雨雪□□。

行道□□，□渴□饥。

我心□□，莫知我□！

《诗经》

今天学的八句诗节选自《采薇》，讲了一位从军多年的士兵终于回到家乡时的心情。《采薇》出自我国第一部诗集《诗经》，像本诗一样，书中大部分诗每句都是四个字，这样的诗称为“四言诗”。

《诗经》收录了从西周初年到春秋中叶五百多年间的诗歌305首，取整数后被称为“诗三百”。这些诗歌从内容上分为《风》《雅》《颂》三个部分。“风”指土风、民歌，《风》包括周代十五个地方的民歌，称为“十五国风”，有160篇。

《雅》是周王朝国都附近的乐歌，与民歌相比更为优雅纯正，所以称为“雅”，按音乐又分为《大雅》和《小雅》，共105篇。《采薇》就属于《小雅》。

《颂》是用于宗庙祭祀的乐歌，有《周颂》31篇、《鲁颂》4篇、《商颂》5篇，共40篇。

这些诗歌的作者大多都已经无法考证，春秋时期的大学问家孔子对当时流传的大量诗歌进行挑选、整理，编订成书。秦朝之前，这部诗集有一个很简单的名字——《诗》。

秦朝时，秦始皇焚烧了大量书籍，《诗》首当其冲。当时的学者们靠着超强的记忆力把这些诗篇记在脑子里，等秦朝灭亡后，再把三百多首诗默写出来，传授给学生。西汉时，《诗》被列为孔子开创的儒家学派的经典书籍，这才开始称为《诗经》。在古代，《诗经》是读书人的必读书目，很多人几岁时就开始诵读书中的诗篇了。

送元二使安西
sòng yuán èr shǐ ān xī

唐·王维
táng wáng wéi

渭城朝雨浥轻尘，
wèi chéng zhāo yǔ yì qīng chén

客舍青青柳色新。
kè shè qīng qīng liǔ sè xīn

劝君更尽一杯酒，
quàn jūn gèng jìn yì bēi jiǔ

西出阳关无故人。
xī chū yáng guān wú gù rén

注

元二：诗人王维的朋友，姓元，在家排行第二。

安西：指唐代安西都护府。

渭城：秦代咸阳城，汉代改称渭城，在今陕西咸阳东北，位于渭水北岸。

浥：湿润，沾湿。

客舍：旅馆。

阳关：古代关名，故址在今甘肃敦煌西南。

译

渭城清晨的小雨润湿了浮尘，
旅舍周围的柳树更加青翠。
请你再干一杯离别的酒吧，
往西出了阳关可就再难碰到老朋友了。

诗歌助记

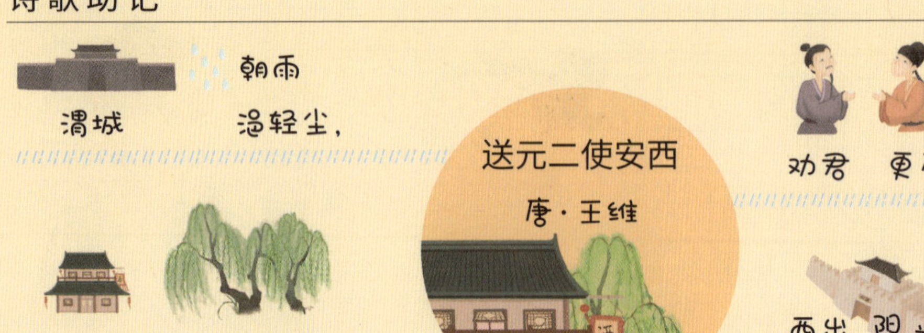

送元二使□□

唐·王维

渭城□□浥轻尘，
客舍□□柳色□。
劝君□□一杯□，
西出□□无故人。

阳关

诗中所说的阳关位于现在甘肃敦煌的西南边。汉武帝时，为了便于管理广阔的西部地区，在现在的甘肃设立了玉门关和阳关两座关城，并派重兵把守。阳关位于玉门关的南边，古代以南为阳，所以得名。

在作者生活的唐代，朝廷设立了安西都护府管理西域。王维的朋友元二奉朝廷之命，去往位于现在新疆库车附近的安西都护府，中途要经过阳关。王维把朋友送到都城长安西北边的渭城，在小旅馆里设宴饯行。想到朋友要一路往西，出了阳关之后，人烟稀少，路途荒凉，再想找个朋友一起喝杯酒可就难了，于是写下了这首诗，表达对朋友远行的担忧和不舍。后来有人专为这首诗谱上了曲子，名为《阳关三叠》，也叫《阳关曲》《渭城曲》，成为唐代非常流行的一首送别歌曲。

汉唐时期，阳关是中原通往西域的门户，也是丝绸之路上的重要关隘。在作者写下这首诗大约一百年前，《西游记》中唐僧的原型，唐代高僧唐玄奘历时十多年，历尽艰辛，从古印度取来六百多部佛教经书后，正是经过阳关，回到了长安城。

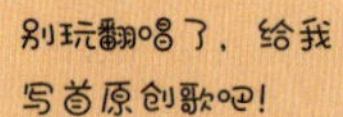

chūn yè xǐ yǔ
春夜喜雨

táng dù fǔ
唐·杜甫

hǎo yǔ zhī shí jié, dāng chūn nǎi fā shēng.
好雨知时节，当春乃发生。

suí fēng qián rù yè, rùn wù xì wú shēng.
随风潜入夜，润物细无声。

yě jìng yún jù hēi, jiāng chuán huǒ dú míng.
野径云俱黑，江船火独明。

xiǎo kàn hóng shī chù, huā zhòng jǐn guān chéng.
晓看红湿处，花重锦官城。

注 乃：就。 发生：使植物萌发、生长。
野径：田野间的小路。
红湿处：被雨水打湿的花丛。
花重：花因为饱含雨水而变得沉重。
锦官城：成都的别称。成都曾经是主持织锦的官员的官署所在地，所以被称为“锦官城”。

译 好雨知道下雨的时节，正是在春天植物萌发生长的时候。
它随着春风在夜里悄悄落下，无声地滋润着大地万物。
田间的小路上乌云漆黑一片，只有江船上的灯火独自闪烁。
明天早晨看看雨水打湿的红花，沉甸甸的花朵遍布整个锦官城。

♩诗文声律

野径 ⇌ 江船
云俱黑 ⇌ 火独明

诗歌助记

春夜□雨
唐·杜□
好雨知□□，当春乃□□。
□□潜入夜，□□细无声。
□□云俱黑，□□火独明。
晓看□□处，花重□□城。

四季的雨

这首诗是杜甫在成都浣花溪畔的草堂居住期间创作的。诗歌表现了春天到来，一夜春雨无声落下，滋润万物，想到第二天早上将看到满城繁花开遍，作者欣喜的心情。

描写春雨的古诗词有很多，在本书中我们就已经读过不少。除了春雨，还有夏雨、秋雨、冬雨。你可以通过下面这几组诗句，体会一下在不同的季节，诗人们在下雨天的感受会有什么不同。

青箬笠，绿蓑衣，斜风细雨不须归。

唐 • 张志和《渔歌子》

渭城朝雨浥轻尘，客舍青青柳色新。

唐 • 王维《送元二使安西》

天街小雨润如酥，草色遥看近却无。

唐 • 韩愈《早春呈水部张十八员外》

南朝四百八十寺，多少楼台烟雨中。

唐 • 杜牧《江南春》

清明时节雨纷纷，路上行人欲断魂。

唐 • 杜牧《清明》

黑云翻墨未遮山，白雨跳珠乱入船。

宋 • 苏轼《六月二十七日望湖楼醉书》

七八个星天外，两三点雨山前。

宋 • 辛弃疾《西江月 • 夜行黄沙道中》

绿遍山原白满川，子规声里雨如烟。

宋 • 翁卷《乡村四月》

秋阴不散霜飞晚，留得枯荷听雨声。

唐 • 李商隐《宿骆氏亭寄怀崔雍崔衮》

空山新雨后，天气晚来秋。

唐 • 王维《山居秋暝》

寒雨连江夜入吴，平明送客楚山孤。

唐 • 王昌龄《芙蓉楼送辛渐》

夜阑卧听风吹雨，铁马冰河入梦来。

宋 • 陆游《十一月四日风雨大作》

zǎo chūn chéng shuǐ bù zhāng shí bā yuán wài

早春呈水部张十八员外

táng hán yù

唐・韩愈

tiān jiē xiǎo yǔ rùn rú sū

天街小雨润如酥，

cǎo sè yáo kàn jìn què wú

草色遥看近却无。

zuì shì yì nián chūn hǎo chù

最是一年春好处，

jué shèng yān liǔ mǎn huáng dū

绝胜烟柳满皇都。

注 呈：恭敬地送上。

水部张十八员外：指唐代诗人张籍，他在同族兄弟中排行第十八，曾任水部员外郎。

天街：京城街道。

润如酥：像酥油般滋润细腻。酥，酥油。

处：时。　绝胜：远远胜过。

皇都：帝都，这里指长安。

译 长安街上细密的春雨细腻润滑如酥，

远看草色青青一片，近看却还稀稀疏疏。

一年之中最美的就是这早春的景色，

远远胜过绿柳满城的暮春。

诗歌助记

天街　小雨　润如酥，

草色　遥看　近却无。

最是　一年　春好处，

绝胜　烟柳　满　皇　都。

□□呈水部张十八员外

唐·韩□

□□小雨润如□，

□□遥看近却无。

最是一年□好处，

绝胜□□满皇都。

三省六部制

古代的中央官制“三省六部制”始于隋朝，完善于唐朝，一直延续到清朝末年。

“三省”指中书省、门下省、尚书省。中书省负责起草各类政策、法令，门下省负责审核，尚书省负责具体执行。

“六部”指尚书省下属的吏部、户部、礼部、兵部、刑部、工部。六部分别管理官吏的任免和考核、户籍税收、教育和礼仪、军事、刑狱、工程建设等事务。各部的长官为尚书，副职为侍郎。部下面还设有司，司的长官为郎中，副职为员外郎，简称员外。水部是工部下的一个司，负责管理河堤桥梁、船舶水运等水利方面的工作。

本诗作者韩愈曾担任刑部、兵部、吏部侍郎等职，这是他送给水部司员外郎张籍的一首诗，描写了京城初春小雨中的优美景色，表达出对春天来临时万物生机勃发的喜爱之情。

唐宋八大家

韩愈是唐代著名文学家，不仅诗写得好，文章尤其出色。他和唐代的柳宗元，宋代的欧阳修、苏洵、苏轼、苏辙、王安石、曾巩一起，被后人称为“唐宋散文八大家”，简称“唐宋八大家”。韩愈被誉为唐宋八大家之首。

韩愈和柳宗元是唐代“古文运动”的倡导者，主张继承先秦两汉时朴实优美的散文传统，反对只注重声律对仗、辞藻华丽而内容空洞的骈（pián）体文。欧阳修为宋朝文坛领袖，和王安石、曾巩、苏洵、苏轼、苏辙都是宋代古文运动的代表人物。

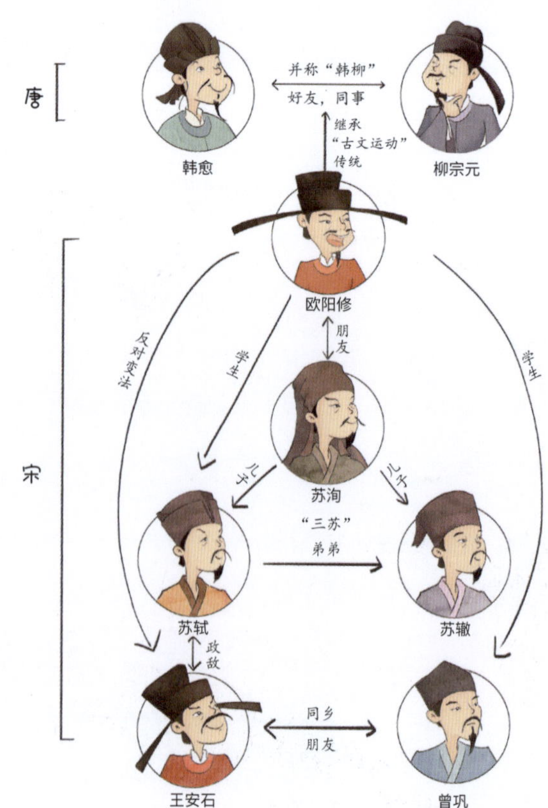

江上渔者
jiāng shàng yú zhě

sòng fàn zhòng yān
宋·范仲淹

jiāng shàng wǎng lái rén
江上往来人，

dàn ài lú yú měi
但爱鲈鱼美。

jūn kàn yí yè zhōu
君看一叶舟，

chū mò fēng bō lǐ
出没风波里。

注 渔者：捕鱼的人。
但：只。
一叶舟：像漂浮在水上的一片树叶似的小船。

译 江上来来往往的人，
只喜爱鲈鱼的鲜美。
你看那捕鱼的一叶小舟，
时隐时现在滚滚波涛里。

诗歌助记

江上

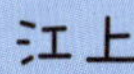

往来人，

但爱 鲈鱼美。

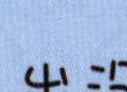

君 看 一叶舟，

出没 风波里。

江上渔者
宋·范仲淹

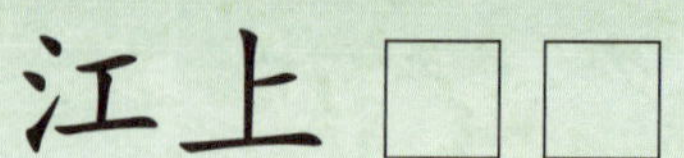

江上□□

宋·范□□

江上□□人，
但爱□□美。
君看□□舟，
出没□□里。

一家哭何如一路哭

范仲淹和唐宋八大家中的欧阳修是好朋友兼同事。欧阳修比范仲淹小十八岁，对范仲淹的品行和政治才干推崇备至。范仲淹官至副宰相，主持推行了北宋著名的庆历新政，后来变法失败，欧阳修作为范仲淹坚定的支持者，也因为参与变法受到牵连。

范仲淹推行的新法中，第一个重点就是建立起严密的任官制度，撤掉那些不称职的官员，选拔真正有才能、能为百姓办实事的官员。在考察官员时，范仲淹亲自翻阅登记着各路（相当于现在的省）官员的名册，看到才能平庸的官员和贪官，便拿起笔一笔划掉，准备任命新的官员来替代。和他一起主持改革的搭档见他这么大刀阔斧，劝他说：“大人，您这一笔划下去轻松，不知道这一笔的背后会有一家人悲伤痛哭啊！”范仲淹听了这话，义正辞严地说：“一家哭何如一路哭！”意思是说，任用一个不称职的官员，等于是害了他管辖范围内的所有老百姓，与其让一路的百姓哭，不如就让他一家人哭吧。

可是这样一来，损害了很多权贵官员的利益，他们大肆攻击新法，第二年变法便告失败，范仲淹也被贬出了朝廷。

范仲淹在被贬官期间写出了著名的《岳阳楼记》，文中的“先天下之忧而忧，后天下之乐而乐”表现出他忧国忧民的胸怀，也是他一生的处事准则。

泊船瓜洲

bó chuán guā zhōu

sòng wáng ān shí
宋·王安石

jīng kǒu guā zhōu yì shuǐ jiān
京口瓜洲一水间，

zhōng shān zhǐ gé shù chóng shān
钟山只隔数重山。

chūn fēng yòu lǜ jiāng nán àn
春风又绿江南岸，

míng yuè hé shí zhào wǒ huán
明月何时照我还。

注 泊船：靠岸停船。泊，停泊。
瓜洲：在今江苏扬州一带，位于长江北岸。
京口：在今江苏镇江，位于长江南岸。
一水间：一水相隔之间。一水，这里指长江。
钟山：今江苏南京紫金山。
绿：吹绿。

译 京口和瓜洲之间只隔着一条江水，
钟山就在对面几座山峦的后面。
春风又吹绿了长江南岸，
明月什么时候才能照着我回到钟山下的家中。

诗歌助记

泊船□□
宋·王□□
京口瓜洲□□□，
钟山只隔□□□。
春风又绿□□□，
明月何时□□□。

字斟句酌

在范仲淹推行庆历新政二十多年后，宋朝又开始实施一场规模更大的变法，主持这次变法的就是本诗作者王安石。王安石变法持续了十多年，最后仍像庆历新政一样，以失败告终。这期间，王安石曾辞去宰相职务回南京钟山居住。这首诗大概是王安石再次被朝廷任命为宰相，离开钟山，从京口渡过长江，前往京城开封时所作。

这天晚上，诗人站在长江北岸的瓜洲，回望对岸的京口，想到家乡钟山就在眼前几座山峰的后面，眼下正是早春，春风吹绿了长江南岸，而自己正要去往仍是冬季景象的北国他乡。抬头看看明月当空，诗人想到，不知自己什么时候才能在像今夜一样明亮的月光下返回家乡。

王安石写这首诗时，第三句最开始写的是“春风又到江南岸”，又觉得这个“到”字有些直白生硬，于是改成了“过”字。但是“过”是“路过、经过”，这样一来显得江南的春天很短暂，而且读上去也不太顺口。后来又改成“入”，改成“满”，总共换了十多个字，最后才确定为“绿”。如果让你给“绿”换一个字，想想还有什么合适的字？会比王安石的原诗更好吗？

yóu yuán bù zhí

游园不值

sòng yè shào wēng

宋·叶绍翁

yīng lián jī chǐ yìn cāng tái
应怜屐齿印苍苔，

xiǎo kòu chái fēi jiǔ bù kāi
小扣柴扉久不开。

chūn sè mǎn yuán guān bú zhù
春色满园关不住，

yì zhī hóng xìng chū qiáng lái
一枝红杏出墙来。

注 不值：没有遇到人。值，遇到。
应：大概，表示猜测。
怜：怜惜。
屐齿：木屐底下突出的部分。屐，木鞋。
印苍苔：在青苔上留下印迹。
小扣：轻轻地敲。
柴扉：用木柴、树枝编成的门。扉，门。

译 大概是主人担心我的木屐踩坏园中地面的青苔，
我轻轻地敲着柴门，门却久久没有打开。
可是这满园的春色关不住，
一枝开得正盛的红杏已经伸出墙外来。

诗歌助记

应怜 屐齿 印苍苔， 小扣 柴扉 久不开。

春色满园

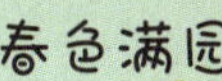

关不住， 一枝 红杏 出墙来。

游园□□

宋·叶□□

应怜□□印苍苔，
小扣□□久不开。
□□满园关不住，
一枝□□出墙来。

木屐

本诗中所说的屐是一种木头鞋子，鞋底是一块木板，鞋面用布帛或牛皮等材料做成，没有鞋后帮。木板鞋底前后有两道横着的齿，这就是屐齿。屐齿突出，容易在湿润的泥地上留下深深的印痕，所以诗中有“应怜屐齿印苍苔”一说。木屐有光脚穿的，也有穿鞋后再套进木屐里穿的。

中国人穿木屐至少已经有三千多年的历史。学《寒食》时，我们讲过介子推的故事。晋文公为了逼他出来，下令放火烧山，介子推抱着一棵树被活活烧死，也没有出来。晋文公非常悲伤，便让人砍下这棵树，做了一双木屐穿在脚上，平时经常低头看看，忍不住说：“悲乎，足下！”据说，古人尊称朋友为“足下”，就是来源于这个典故。

唐朝诗人李白在《梦游天姥吟留别》中写道：“脚著谢公屐，身登青云梯。半壁见海日，空中闻天鸡。”诗里的谢公是指南朝诗人谢灵运。谢灵运特别喜欢游山玩水。在山间行走，一会儿是上坡路，一会儿是下坡路，为了上山下山更轻松，谢灵运特制了一种鞋底的齿可以拆卸的木屐。上山时卸下前面的齿，下山时则卸下后面的齿，这样上山下山都更接近于在平地上行走。后来人们便称谢灵运发明的这种木屐为“谢公屐”。

不要以为只有古代人才穿木屐，直到现在，在我国多雨潮湿的南方农村、山区，很多人依然会把木屐当套鞋穿，在泥泞的路上行走不会打滑，也不会弄脏里面的鞋。

bǔ suàn zǐ · sòng bào hào rán zhī zhè dōng

卜算子·送鲍浩然之浙东

sòng　wáng guān
宋 · 王观

shuǐ shì yǎn bō héng，shān shì méi fēng jù。
水是眼波横，山是眉峰聚。

yù wèn xíng rén qù nǎ biān？méi yǎn yíng yíng chù。
欲问行人去那边？眉眼盈盈处。

cái shǐ sòng chūn guī，yòu sòng jūn guī qù。
才始送春归，又送君归去。

ruò dào jiāng nán gǎn shàng chūn，qiān wàn hé chūn zhù。
若到江南赶上春，千万和春住。

注

卜算子：词牌名。

送鲍浩然之浙东：词题。鲍浩然，词人的朋友，家住浙江东路，简称浙东。之，往，去。

眼波：比喻目光似流动的水波。

行人：这里指词人的朋友鲍浩然。

那：同“哪”。

盈盈：美好的样子。　才始：方才。

译

水像美人流动的眼波，山如美人蹙(cù)起的眉毛。

想问朋友去哪里？去那山水交汇的地方。

刚把春天送走，又要送你归去。

如果你到江南能赶上春天，千万要把春天的景色留住。

诗歌助记

水是 眼波横，山是 眉峰聚。

才始 送春归，又送 君归去。

卜算子

送鲍浩然

之浙东

宋 · 王观

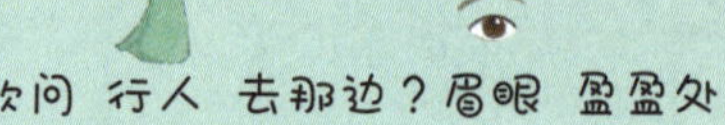

欲问 行人 去那边？眉眼 盈盈处。

若到 江南 赶上春，千万 和春住。

□□子·送鲍浩然之□□
宋·王观
水是□□横，山是□□聚。
欲问□□去那边？眉眼□□处。
才始送□归，
又送□归去。
若到江南□□□，
千万□□□。

送别诗

这首词的作者是北宋词人王观，他与同时代的另一位著名词人秦观合称“二观”。王观的这首词，比喻新颖别致，词句风趣俏皮。古代文人常把美女的眼神比喻成流动的水波，把黑色微蹙的眉毛比喻成青色连绵的远山。本词中却反其道而行之，把流水、山峰比如成美女的眼神和皱起的眉毛，令人耳目一新。这是一首送别词，词题为《送鲍浩然之浙东》，句式和我们学过的《黄鹤楼送孟浩然之广陵》很相似，两位即将远行的人名字都一样，只是姓不同，目的地不同。

送别是古代诗词的一大主题，前面我们已经学过很多。王观的这首词中有一种轻松幽默、积极乐观的情绪，而大多数送别诗都带着与朋友分别的伤感。

浣溪沙
huàn xī shā

宋·苏轼
sòng sū shì

yóu qí shuǐ qīng quán sì, sì lín lán xī, xī shuǐ xī liú.
游蕲水清泉寺，寺临兰溪，溪水西流。

shān xià lán yá duǎn jìn xī, sōng jiān shā lù jìng wú ní.
山下兰芽短浸溪，松间沙路净无泥。

xiāo xiāo mù yǔ zǐ guī tí.
萧萧暮雨子规啼。

shuí dào rén shēng wú zài shào? mén qián liú shuǐ shàng néng xī!
谁道人生无再少？门前流水尚能西！

xiū jiāng bái fà chàng huáng jī.
休将白发唱黄鸡。

注

浣溪沙：词牌名。
蕲水：在今湖北浠（xī）水一带。
浸：泡在水中。
萧萧：这里形容雨声。
子规：杜鹃鸟。
无再少：不能再回到少年时代。
白发：老年。
唱黄鸡：出自白居易“黄鸡催晓丑时鸣”，比喻感慨时光流逝。

译

游玩蕲水的清泉寺，寺庙在兰溪边，溪水向西流淌。
山脚下初生的兰草幼芽浸润在溪水中，松林间的沙路被雨水冲洗得一尘不染。
萧萧暮雨中杜鹃鸟声声啼鸣。
谁说人生不能再回到少年时期？门前的溪水都还能向西边流淌！
不要因为年老而发出时光流逝的悲叹。

诗文声律

山下 ⇌ 松间
兰芽 ⇌ 沙路
短浸溪 ⇌ 净无泥

诗歌助记

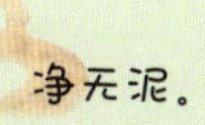

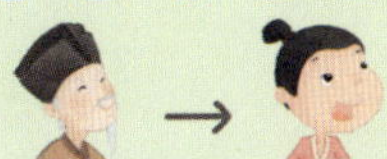

浣溪沙

宋·苏□

游□□清泉寺，寺临□□，溪水□流。

山下□□短浸溪，

松间□□净无泥。

萧萧暮雨□□□。

谁道□□无再少？

门前□□尚能西！

休将白发□□□。

一门三学士

苏轼是“唐宋八大家”之一，他的父亲苏洵、弟弟苏辙也同列其中。古代儿童启蒙读物《三字经》中的“苏老泉，二十七，始发愤，读书籍”，说的就是苏洵（号老泉），是历史上立志勤学不怕晚的励志典范。

四十多岁时，苏洵带着十九岁的苏轼和十七岁的苏辙进京参加科举考试，得到欧阳修的赏识，儿子们也在第二年的考试中同时考中，当时成为轰动京城的新闻。三父子也被人们誉为“一门三学士”。古代兄弟的名字有某种相似性，如果你记不清三父子间的人物关系，注意看，苏轼和弟弟苏辙的名字都是“车”字旁。

轼：古代车厢前面用作扶手的横木。
辙：车轮在路面压出的痕迹。

黄州诗文

苏轼四十三岁那年，因为“乌台诗案”被贬到黄州当团练副使。“乌台”是指宋朝负责监察官员的机构——御史台，因官署里种了很多柏树，终年栖息着大群乌鸦而得名。苏轼因为反对王安石变法，受到政敌们的敌视和排挤，他们从苏轼的诗文中找出大量他们认为讥讽朝廷的句子，罗织罪名，想要致苏轼于死地，最后幸亏有王安石帮着求情，苏轼才得以死里逃生，被贬到黄州，也就是现在的湖北黄冈。

团练副使是一个武官职位，名义上是黄州的副军事长官，实际上并没有实权。苏轼初到黄州时，心中苦闷，好在也没什么工作要做，于是经常去附近游山玩水，寻访古迹。他几次到黄州城外的赤壁山游览，写下了《赤壁赋》《后赤壁赋》《念奴娇·赤壁怀古》等经典名作。

这年春天，苏轼到黄州附近的浠水县拜访当地一位名医，两人同游清泉寺时，苏轼注意到，和我国大部分河流往东流不同，寺庙前小溪的水是往西流的，于是写下了这首《浣溪沙》。古人常用河水东流比喻时间一去不复返，苏轼则用溪水西流来激励自己和他人，不要因为身处困境而就此沉沦，不要因为年老而徒发哀叹，表现出一种积极乐观的人生态度。

qīng píng yuè

清平乐

sòng huáng tíng jiān

宋·黄庭坚

chūn guī hé chù jì mò wú xíng lù

春归何处？寂寞无行路。

ruò yǒu rén zhī chūn qù chù huàn qǔ guī lái tóng zhù

若有人知春去处，唤取归来同住。

chūn wú zōng jì shuí zhī chú fēi wèn qǔ huáng lí

春无踪迹谁知？除非问取黄鹂。

bǎi zhuàn wú rén néng jiě yīn fēng fēi guò qiáng wēi

百啭无人能解，因风飞过蔷薇。

注 无行路：没有留下春去的行踪。行路，指春天来去的踪迹。

啭：鸟婉转地鸣叫。

解：懂得，理解。

因风：借着风势。因，凭借。

译 春天回到了哪里？她独自寂寞来去，没有留下离去的踪迹。

如果有人知道春天去了哪里，喊她回来和我们住在一起。

春天没有留下踪迹，谁能知道她去了哪里？除非去问一问黄鹂。

可黄鹂婉转动听的鸣叫也没有人能听懂，一阵风起它便趁着风势飞过了盛开的蔷薇。

诗歌助记

□□乐

宋·黄□□

春归□□？
寂寞无□□。
若有人知□□□，
唤取归来□□。

春无□□谁知？
除非问取□□。
□□无人能解，因风飞过□□。

春天在哪里

黄庭坚是苏轼的学生，也是与苏轼齐名的北宋著名词人，两人合称“苏黄”。黄庭坚同时还是一位大书法家，和苏轼、米芾（fú）、蔡襄合称“宋四家”。

今天学的这首词的主题是“寻找春天”。词人用拟人化的手法，把春天写成了一个独来独往、不留形迹的神秘人物。第一句就是一个问句：春天回到哪里去了？为什么会这么问呢？因为春天一个人孤单寂寞地独自来去，没有留下任何踪迹。作者又说，如果有人知道春天的去处，把她叫回来和我们一起住，这样多热闹啊！“若有人知春去处，唤取归来同住”，有没有发现和王观的词句“若到江南赶上春，千万和春住”的相似之处？

作者知道，因为春天没有留下形迹，普通人肯定不知她去了哪里，而那随着春天一起到来的黄鹂，最有可能知道春的消息，那就问问它吧。可黄鹂和人类语言不通，它千百次地啼鸣，似乎在回答词人的提问，可惜没有人能听懂它的话。一阵风吹过，黄鹂便顺着风势飞过盛开的蔷薇花离去了。蔷薇通常在春末夏初开放，它在词中出现便点明了时间，正是春天刚刚离去的时节，所以作者在苦苦寻觅：春天去了哪里？

在这寻找春天的行为背后，表现的是作者对春天的热爱和珍惜，感叹时光一去不复返、再也无从寻觅的伤感和悲伤。

歪歪兔更多好书

《小学生思维方式漫画》（全 2 册）

80 个经典的效应、定律、学习法，赋予孩子世界顶级思维。同一个问题，用不同的思维模式思考，结果截然不同。

《小学生思维误区漫画》（全 2 册）

知道应该怎么做，更要知道不能怎么做。60 个效应、谬误、偏见漫画，帮助孩子精准避雷，拒绝盲从附和，学会独立思考。

《小学生社交情商漫画》（全 2 册）

2 点，4 步，60 个技巧，用贴近生活的漫画故事，教会孩子处理同学关系、伙伴关系、师生关系。

《校园爆笑经济学》（全 2 册）

在小学生自己的故事中轻松读懂经济学。让孩子成为一个具有经济头脑的人。

《逻辑学漫画故事》（全 4 册）

在一座“疯狂动物城”中破案、烧脑！还是一套正经的逻辑学科普书！

图书在版编目（CIP）数据

趣读古诗文. 4 / 歪歪兔童书馆编绘. -- 北京 : 海豚出版社, 2021.10（2024.6 重印）
ISBN 978-7-5110-5752-5

Ⅰ. ①趣… Ⅱ. ①歪… Ⅲ. ①古典诗歌－诗歌欣赏－中国－儿童读物 Ⅳ. ① I207.2-49

中国版本图书馆 CIP 数据核字（2021）第 170677 号

趣读古诗文
歪歪兔童书馆　编绘

出 版 人：王　磊
总 策 划：宗　匠
监　　制：刘　舒
撰　　文：宋　文
绘　　画：李玮琪
装帧设计：玄元武　侯立新
责任编辑：杨文建　李宏声
责任印制：于浩杰　蔡　丽
法律顾问：中咨律师事务所　殷斌律师

出　　版：海豚出版社
地　　址：北京市西城区百万庄大街 24 号　　邮　　编：100037
电　　话：（010）65569870（销售）　（010）68996147（总编室）
传　　真：（010）68996147
印　　刷：北京博海升彩色印刷有限公司
开　　本：16 开（787 毫米 ×1060 毫米）
印　　张：26
字　　数：300 千
印　　数：30001-35000
版　　次：2021 年 10 月第 1 版
印　　次：2024 年 6 月第 4 次印刷
标准书号：ISBN 978-7-5110-5752-5
定　　价：198.00 元（全 4 册）

买书更划算
天猫扫一扫

海豚出版社
微信扫一扫